定番ごはん
20
セレクション

すごいダンドリ！
1、2、3！

松田美智子

さくら舎

はじめに

今まで、ごめんなさい。

　料理研究家として、いろいろな本を作りました。おいしかった、上手にできたなど、きちんと作るとやっぱりおいしい！　とうれしい声もいただきました。でも、「それでも料理がニガテ、作るより買うほうがラク」「しかたないから料理するけど……」という人がたくさんいるのも事実。

　ごめんなさい。今までの本では説明不足だったこと、認めます。でも、今回は大丈夫。お料理一年生の方、今まで見よう見まねで作ってはいた方。イマイチ味が決まらない、時間ばっかりかかってもうイヤ……、そんな思いのある方、お任せください。この本で私が解決します。

ダンドリ、チャチャチャ！

　家庭料理はスピード重視！　だって、おなかがすいている時が食べたい時ですもの。料理が苦手、という人を見ていると、まあ無駄な動きの多いこと。4倍も5倍も手間も時間もかけている。それじゃあ料理が嫌いになって当たり前です。

　こうして、ああやって、その間にこれをすれば、ほーらできあがり！　そう、チャチャチャッと上手においしく料理するカギは、正しい手順、つまり「ダンドリ」なんです。仕事と同じ。デキる人はもれなくダンドリ上手です。

　まずはページを眺めてみて。全体の流れがわかります。そして、ダンドリ1から、この本の通りにしてみてください。無駄な調理法はすべて省きましたから、最短距離でおいしい料理にたどり着きます。しかも、キッチンも汚れません。調理技術は回数が解決します。料理教師歴20年の私が保証します。

料理の科学を知って「勝負ごはん」に！

　料理は科学。すべての調理法には理由があります。「どうしてこう切るの？」「いつ砂糖を入れる？」など、今まで説明してこなかった調理の理由も説明します。じつはここがおいしく作るポイントです。なぜ、こう作るのか。まずは理由を理解してください。理由がわかると、あら不思議。素材や味つけを変えても、誰が作ってもおいしくできてしまいます。ただし、調味料を入れるタイミングだけは、必ず本の通りに。味をみて少なめから加えるのがお約束です。料理は足し算しかできません。一度加えた味は元には戻せないのが料理なのです。

キレイな人はキレイな物を食べている。

　いちばん大事なものはお金でもない、物でもない。やはり、体と心の健康です。それは私のように半世紀以上生きていないとわからないことかもしれません。私も若いときには年上の人の言うことを理解できませんでした。でも周りを見まわすと、食生活を大切に、道理に合ったものを食べている先輩女性は美しい！　髪にツヤがある。多少のしわがあっても肌がきれい。そしてなにより、イキイキと自信を持って生きている。それなりに年齢を重ねているのですが、見た目が若い！　これって大事でしょ？

　あまり神経質になる必要はありません。外食は楽しいし、お酒もおいしい。ふだん家で安心・安全なものを食べていれば、少しくらい夜ふかししてハメをはずして楽しむことも、心の栄養になるものです。食事も生き方もバランスが大事。それが私の持論です。

家庭料理研究家　松田美智子（まつだみちこ）

道具について

この本で使う道具はたった2種類。「フライパン」と「厚手の鍋」です。

厚手の鍋

煮込んだり、ゆでたり、揚げ物をするときに使います。煮込み料理には、私は炒め物ができる土鍋を使います。このほうが遠赤外線効果で中心から熱がまわり、調理時間も短く、素材の味を活かして調味料が少なく調理できます。煮込み料理がおいしく作れるのは土鍋→厚手（鋳物）、ガラス樹脂の鍋→ステンレスの鍋の順。そのほか、いんげんをちょこっとゆでたり、少量の炒め物をしたりするときの小鍋があると便利。

フライパン

炒め物、焼き物に使っています。ふたがあると便利で、深さが8cmぐらいあるフライパンが万能！ 鉄か、ガラス樹脂のフライパンがおすすめです。鉄は鉄分がとれ、熱伝導の良さが魅力です。ガラス樹脂は焦げつきにくく、軽くて扱いも楽です。

小物はスパチュラ、木べら、菜箸、トング。木べらは2本使うと、仕上がりも味もぐっと変わります。
ボウルや計量スプーン（大さじ15ml、小さじ5ml）、カップ（200ml）はおいしくするための必需品！

食器の悩みも解消

この本には20品の料理を作りましたが、使った食器は4種類だけ。ついつい、かわいさで器を選びがちですが、おすすめは白。主役は何より料理ですもの。ベーシックな白いシャツは、清潔感もあり顔を明るく見せ、スカートにもパンツにも合わせやすいのと同じです。
4種の器があれば、箸置きやプレースマットでいくらでも季節感も変化も楽しめます。シンプル、大賛成！ また、和洋折衷に使えるのはどちらかというと和テイストの食器です。

もくじ

はじめに…002

道具について…004

ごはんもの

おにぎり…006

チャーハン…010

ソース焼きそば…014

豚肉とごぼうのカレー…018

カルボナーラ…022

フレンチトースト…026

3色ごはん…030

肉・魚料理

あじの塩焼き…034

さばのみそ煮…038

とんかつ…042

豚肉のしょうが焼き…046

ハンバーグ…050

鶏のからあげ…054

鶏もも肉のソテー…058

オムレツ…062

ビーフシチュー…066

野菜料理

野菜炒め…070

肉じゃが…074

筑前煮…078

ポテトサラダ…082

これで＋60品！…086

ちょっと我慢で熱いごはんで作れば極上のおいしさ！

おにぎり

ごはん
ふんわり

鮭にぎり

梅にぎり

ダンドリ

ここ、大事！

チン！

ほかほかごはんを用意する

もちろん炊きたてが
いちばんおいしいです

冷たいごはんを電子レンジで
加熱するときは、
ふんわりラップをかけてから。

道具
菜箸　ボウル

材料（2人分）
塩鮭 … ½切れ
削りかつお … カップ½
しょうゆ … 大さじ½
梅干し … 大きいもの1個
白炒りごま … 大さじ1
ごはん … 6膳分（軽く）
塩 … 適量

ダンドリ2　梅をごはんに混ぜる

① 梅干しの果肉を5ミリ大に刻む。

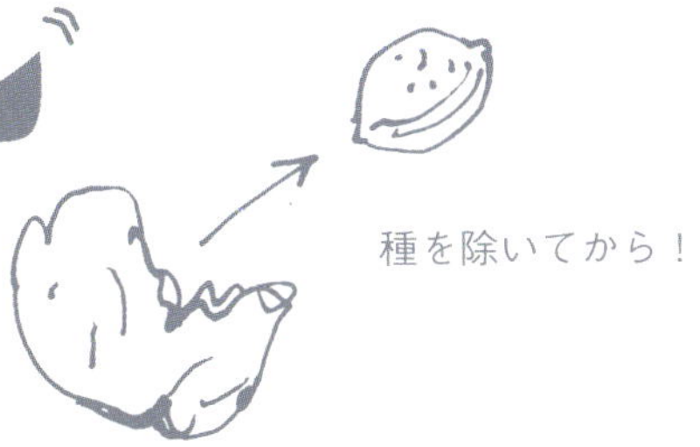

種を除いてから！

② ほかほかごはん2膳分に梅干しと白ごまを加え、しゃもじで切るようにして混ぜる。

ダンドリ3　塩鮭を焼いてほぐす

グリルで塩鮭を焼き、皮と骨を除いて3センチ大にほぐす。

ダンドリ4　削りかつおを準備する

① しょうゆを吸わせておく。

② のりを切っておく。

固定する

5センチ×7センチくらい。包丁の先を固定して持ち手を下げるとスパッと切れる。

start

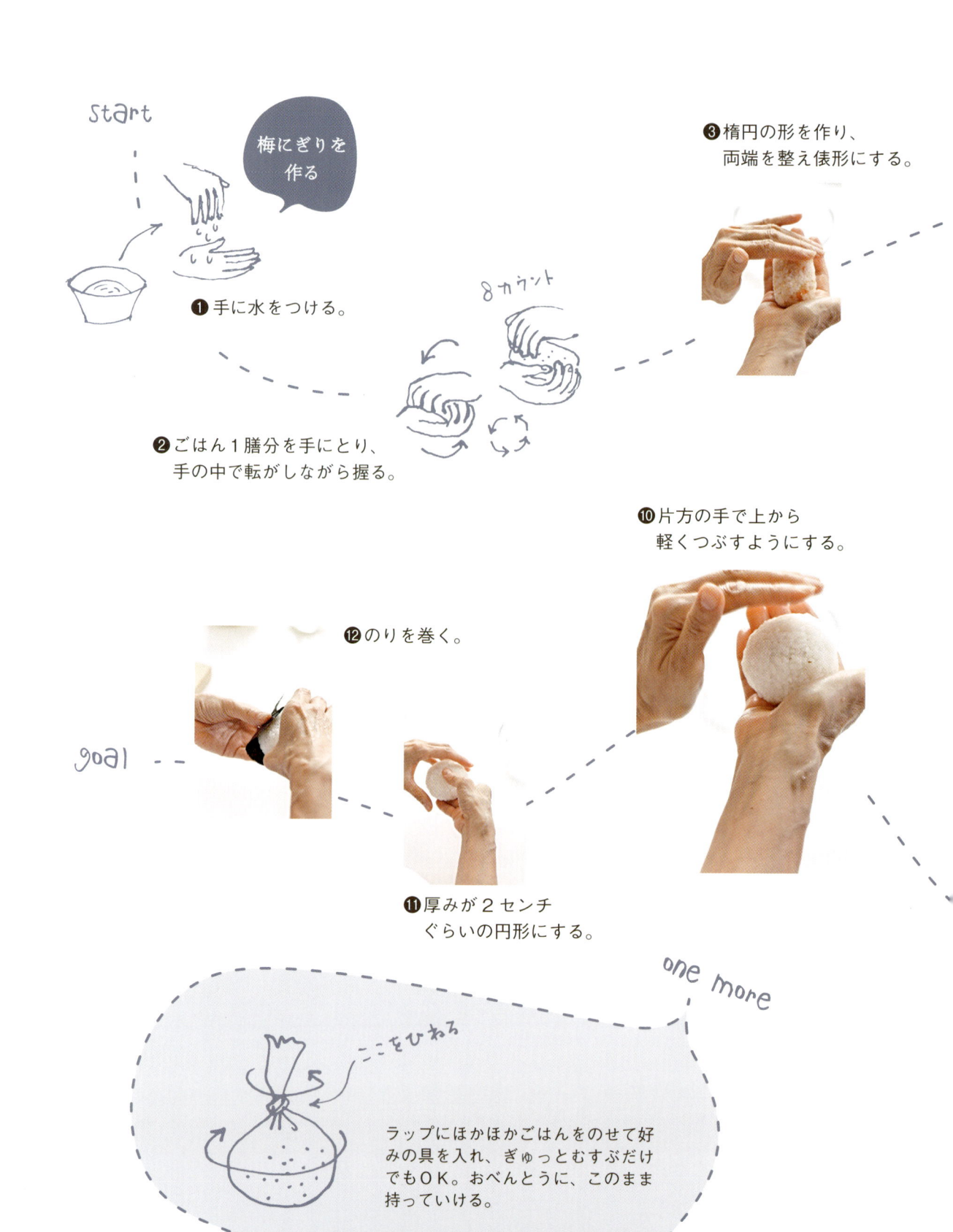

梅にぎりを作る

❶ 手に水をつける。

❷ ごはん1膳分を手にとり、手の中で転がしながら握る。

8カウント

❸ 楕円の形を作り、両端を整え俵形にする。

❿ 片方の手で上から軽くつぶすようにする。

⓫ 厚みが2センチぐらいの円形にする。

⓬ のりを巻く。

goal

one more

ここをひねる

ラップにほかほかごはんをのせて好みの具を入れ、ぎゅっとむすぶだけでもOK。おべんとうに、このまま持っていける。

❹ 手に水をつけ、
塩ひとつまみ（指3本分）を
こすり合わせる。

くぼませて
具を中心にもっていく。

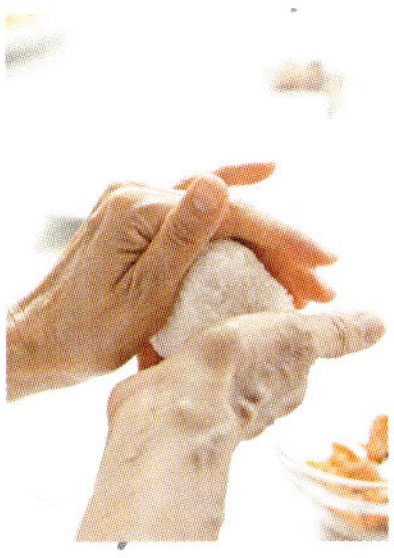

鮭にぎりを作る

❺ 軽く1膳分を器に入れ、
真ん中をくぼませて鮭を入れる。

手はきつねの形

❻ ごはんを手にとり
手で転がしながら
三角形に整える。

かつおにぎりを作る

❼ 手に水をつけ、
塩ひとつまみ（指3本分）を
こすり合わせる。

両手を丸くして

❽ 軽く1膳分を器に入れ、
真ん中をくぼませて
削りかつおを入れる。

❾ 手を丸くし、
ボール形に整える。

009

少ない分量で作ればおいしくできる！

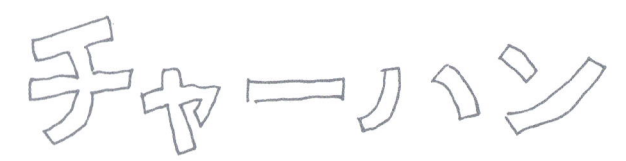

チャーハン

卵ふわっ
ごはんパラパラ

ここ、大事！

ダンドリ

1. ごはんの水分をとばしておく

皿に広げて放置。
（ラップなしで電子レンジで3分加熱するか、ラップなしで冷蔵庫に入れておいてもいい）

ラップなし

ダンドリ **1**

材料と調味料をフライパンの近くにおく

道具

フライパン
　直径28〜30センチ→2人分
　直径20〜24センチ→1人分

木べら2本

菜箸　ボウル　なべしき

材料（2人分）
＊最大でも2人分までが
おいしく作れる量

ごはん … 2膳分（多め）
卵 … 2個
ハム … 3枚
長ねぎ … ½本
万能ねぎ … 3〜4本
ごま油 … 大さじ3
塩 … 小さじ⅓
こしょう … 少々
しょうゆ … 大さじ1と½

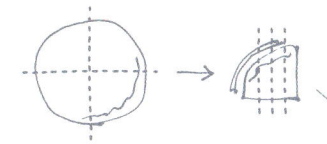

4等分して重ねて5ミリ角。

縦半分に切って薄切り。

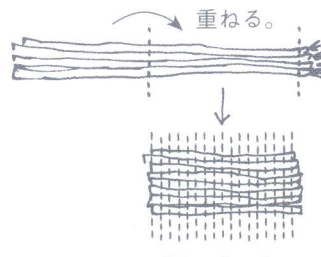

重ねる。

5ミリ幅の小口切り。

卵のカラザを除いて溶きほぐす。

調味料をはかってフライパンの近くにおく。

カラザ

ダンドリ **2**

フライパンを熱する

シュッ！

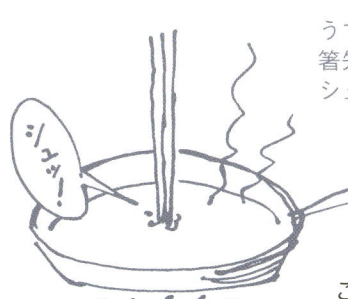

うすく煙が出て、
箸先につけた卵が、
シュッとかたまるまで。

ごま油大さじ1を入れて
しっかり熱する。

start

卵を焼く

❶卵を一気に入れる。

jyu～

❷周囲が軽く固まったら折りたたむようにふんわり大きく混ぜる。

❸半熟状態でいったんボウルに取り出しておく。

❿卵を戻し、大きく混ぜる。

para para

goal

⓫皿に盛り、万能ねぎを散らす。

しょうゆ→卵の順で卵色がキレイ

❹ごま油大さじ2を足し、ハムをサッと炒める。

❺長ねぎもサッと炒める。

つぶさないように木べらをたてて

炒める

❻ごはんを加え、ほぐす。

熱が回りやすいように空気を入れながら混ぜる

❼ほぐれたら木べら2本で炒める。

仕上げる

❽味つけをする。
①塩、こしょう
②フライパンの周囲をあけてしょうゆ。

❾焦げそうになったらなべしきに避難させる。

これ、大事

ここで味見

013

素材全部に味が入った焼きそば

ソース焼きそば

ここ、大事！

ダンドリ 1 めんをほぐしておく

ソースが均等に
からまるように

香ばしい〜

ダンドリ 2 材料をそろえておく

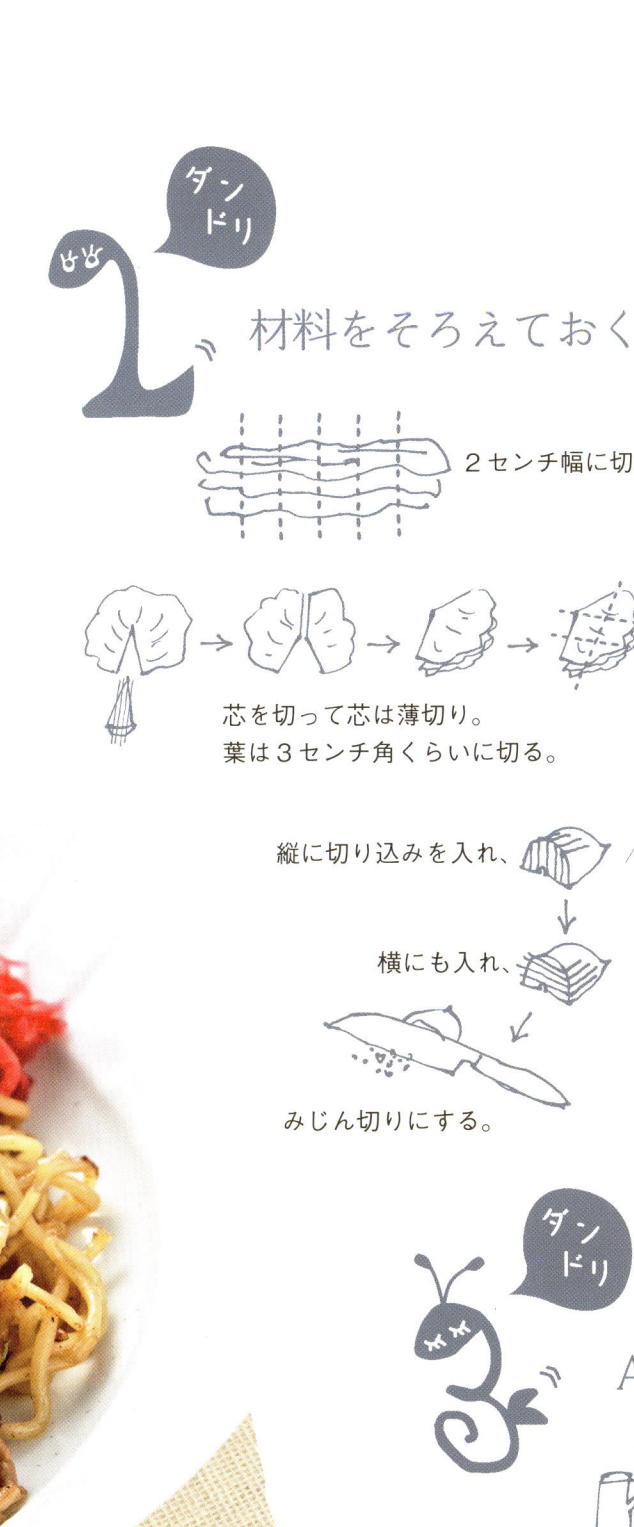

2センチ幅に切る。

芯を切って芯は薄切り。
葉は3センチ角くらいに切る。

縦に切り込みを入れ、
横にも入れ、
みじん切りにする。

道具
フライパン　菜箸
木べら2本　ボウル

材料（2人分）
蒸しめん … 2玉
豚三枚肉（薄切り）… 100g
キャベツ … 4枚
にんにく … 半かけ
ごま油 … 大さじ1
塩 … 小さじ½
こしょう … 少々
酒 … 大さじ3
A ┌ ウスターソース … 大さじ3
　└ しょうゆ … 小さじ1
青のり、紅しょうが　適宜

ダンドリ 3 Aを合わせておく

しょうゆ　ウスターソース

好みで比率を変えて。

start

肉を炒める

ここで**軽めに**
塩、こしょうを
加える。

❶ フライパンにごま油とにんにくを入れて火にかける。
にんにくの香りがたったら肉を入れ、
木べら2本で炒める。

2本使うと
早く豚肉がほぐれる

めんを
炒める

味つけする

❼ もう一度広げて炒め、器に盛る。
好みで青のりを全体にふり、
紅しょうがを添える。

❻ キャベツがしんなりしたら
焼きそばをセンターに集め、味をみながら
Aを大さじ1ずつ加える。

goal

ウスターソース
＋
しょうゆ

❷めんは4回に分けて加え、炒める。
（油が足りなかったらごま油大さじ1プラス）

ここ、大事！

空気を入れて、
熱が回りやすくする

一度に入れると
熱と味が
うまくからまない

❸箸と木べらで
めんを持ち上げながら炒める。

❹酒をかけ、
さらに約3分炒める。

キャベツを
炒める

めん
キャベツ

キャベツにめんを重ねるように
炒めるのがコツ。蒸し効果あり

❺キャベツは
2回に分けて加える。

食感の違いを
出すため

ごぼう好きの私のおすすめ。20分でできる本格カレー

豚肉とごぼうのカレー

ごぼうは「皮ごと」

ダンドリ 1

豚肉を準備する

3センチ幅に切り、塩をもみ込む。30分以上おく。

塩のなじみがいいので脂が早く出る

ここ、大事！

ダンドリ 2 野菜を切っておく

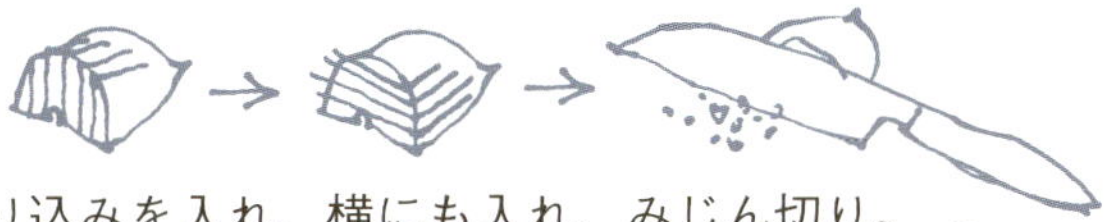

縦に切り込みを入れ、横にも入れ、みじん切り。

皮をむいてみじん切り。 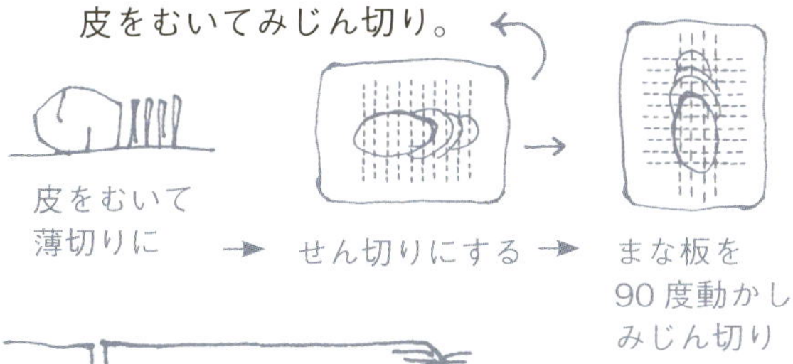
皮をむいて薄切りに → せん切りにする → まな板を90度動かしてみじん切り

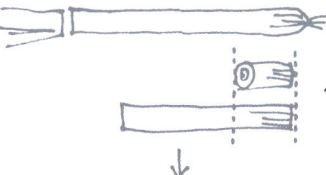

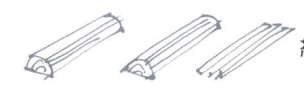

4センチ長さに切り揃え、縦半分にして縦に薄切り。

今のごぼうと昔のごぼうはちがうの！

皮ごと洗い、2等分して縦半分に切る。「ス」が入っていたらスプーンで除き、4センチ長さに切り、縦に薄切り。

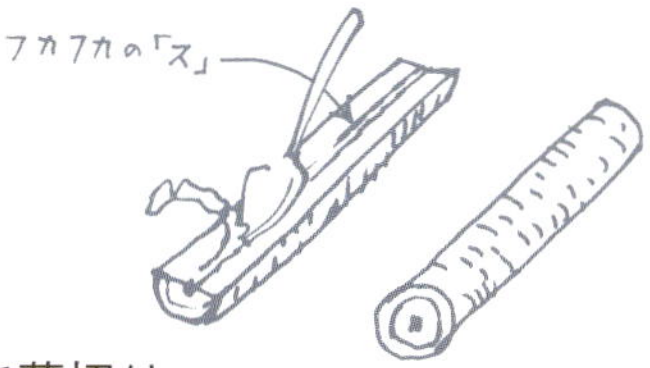

* 市販の無塩タイプがおすすめ。顆粒の鶏ガラスープを湯で溶く場合は、塩分が入っているので加えるしょうゆを控えめに。なければ水でも大丈夫。

道具
厚手の鍋　木べら　ボウル

材料（2人分）
豚三枚肉（5ミリ厚さ）…200g
塩…小さじ1
にんにく…半かけ
しょうが…3センチ大
長ねぎ…1本
ごぼう（30センチ長さ）…2本
チェリートマト…10個
サラダ油…大さじ1
砂糖…小さじ1
カレー粉…大さじ2〜3
酒…大さじ3
＊チキンスープ…カップ2
しょうゆ…大さじ1〜2
こしょう…小さじ1
香菜…1束
ほかほかごはん…適量

へたをとって4等分。

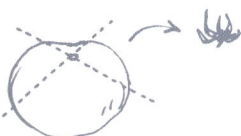

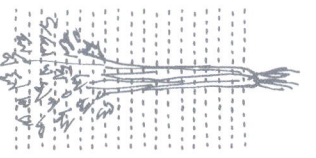

1センチ長さのざく切り。

start

しょうが
にんにく

油

肉と野菜を炒める

❶ 鍋にサラダ油、にんにく、しょうがを入れ、中火にかけて炒める。

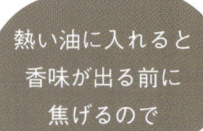

熱い油に入れると香味が出る前に焦げるので

❷ 香りがたったら豚肉を加え、よく炒める。さらに長ねぎ、ごぼうの順に加えて炒める。

❸ 材料に油がなじんだら、砂糖を加えてコクを出す。照りが出るまで炒める。

仕上げる

❾ チェリートマトを加え、火を止める。

❿ ごはんを器に盛り、カレーをかけ、香菜を添える。

goal

カレー粉を加えて炒める

❹カレー粉を加え、さらに**3分**ほど炒める。
（カレー粉は炒めないと風味も辛みも出ない）

木べらをたてて姿勢よく

ここ、大事！

❺炒めるたびに鍋底が見えるように。
焦げる直前までしっかり炒める。

煮る

❻酒を加えてサッと混ぜる。

❼チキンスープを加え、混ぜながら中火で煮る。

ふたしない
ごぼうのしゃきしゃき感がなくなるから

もっと辛くしたいときは、レッドペッパーを少し加えてもおいしい

❽**約10分**、水分が半分ぐらいになるまで煮て、こくを出す。
途中、真ん中に脂をあつめてすくう。

味をみて、しょうゆとこしょうで味つけ。

イタリアンレストランのカルボナーラが家で作れる！

カルボナーラ

卵トロトロ～

ダンドリ

1 湯を沸かす

パスタはたっぷりの湯でゆでる。
塩の量は水2リットルに対し、
塩大さじ2が基本。
加えすぎるとパスタがしょっぱくなる。

よくまぜる

ダンドリ 2 湯が沸くまでに材料を準備する

縦に切り込みを入れ、横にも入れ、みじん切り。

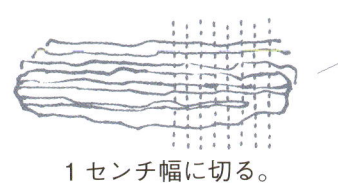

1センチ幅に切る。

混ぜておく。

みじん切り。

ぎゅっと圧縮

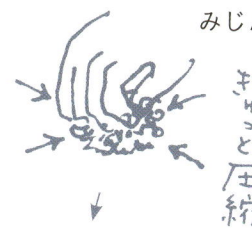

葉がふわふわで切りにくい！だからまとめて切りやすく。

みじん切り

端から少しずつ切るとあっという間！

道具
ゆで鍋　フライパン
木べら2本　トング　ボウル

材料（2人分）
パスタ … 160g
水 … 2リットル
塩 … 大さじ2
にんにく … 半かけ
ベーコン … 100g
オリーブオイル … 大さじ3
白ワイン … 大さじ3
パスタのゆで汁 … 大さじ3
A ┬ 生クリーム … カップ½
　├ 卵黄 … 2個
　└ パルメザンチーズ … カップ⅓
白こしょう … 少々
パセリ … 適量

start

パスタをゆでる

炒める

❶湯が沸騰したらパスタを入れる。
ふたをせず、吹きこぼれない程度の
火加減をキープ。
ときどき大きく混ぜる。

❷フライパンににんにくと
オリーブオイルを入れ、
中火の弱にかける。

卵は60〜70度で
固まるから、
余熱でトロトロに

❾火を止め、
Aをパスタにまわしかける。

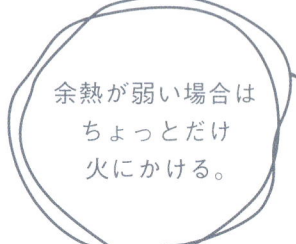

木べら2本で

余熱が弱い場合は
ちょっとだけ
火にかける。

❿すくいあげるように
しながら混ぜる。

卵液を
からめる

⓫器に盛り、パセリ、
白こしょうを散らす。

goal

❸ フライパンを傾けて油を寄せ、にんにくの香りを油にうつす。

焦げないように！

ここ、大事！

弱火がポイント
じっくり脂を出す

❹ ベーコンを加え、脂を出しながら炒める。

小麦のうまみが生きる
ゆで始めから
4分くらいの
ゆで汁がおいしい

❺ 白ワインと パスタのゆで汁 を加え、混ぜる。

ここ、大事！

アルデンテの一歩前

❻ ゆで時間の1分前にパスタのかたさチェック。柔軟性はあるが、食べるには固すぎるぐらいがベスト。

オイルを
からめる

❼ パスタをトングですくって直接❺のフライパンに移す。

❽ 手早く❺をからめる。

025

ひと晩おく。これでフワフワフレンチトースト

フレンチトースト

♛ 極上のおいしさ ★

ダンドリ

1. 卵をよく溶きほぐす

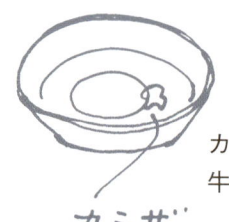

カラザをとって、牛乳を加えてなめらかに。

カラザ

道具
フライパン　菜箸　バット
スパチュラ　茶こし

材料（2人分）
5センチ厚さの食パン
　…2枚
卵…2個
牛乳…カップ1と½
バター…大さじ3
粉砂糖…適量
ジャム、メープルシロップ、
はちみつなど　適宜

ダンドリ 2

パンをひと晩浸しておく　8時間ぐらい

ここ、大事！

① みみを切り落とす。

② バットや深さのある器に
　パンを並べ、
　卵液をまわしかける。

③ ときどきパンの上下を返す。
　ラップをして冷蔵庫へ。

朝食用に、寝る前に
準備するといい

start

❶ フライパンを弱火で
2〜3分熱し、
バター大さじ2を加える。

❷ バターが半分溶けたら、パンをそっと並べ、**弱火**で約3〜4分焼く。

ふたする

焼く

one more

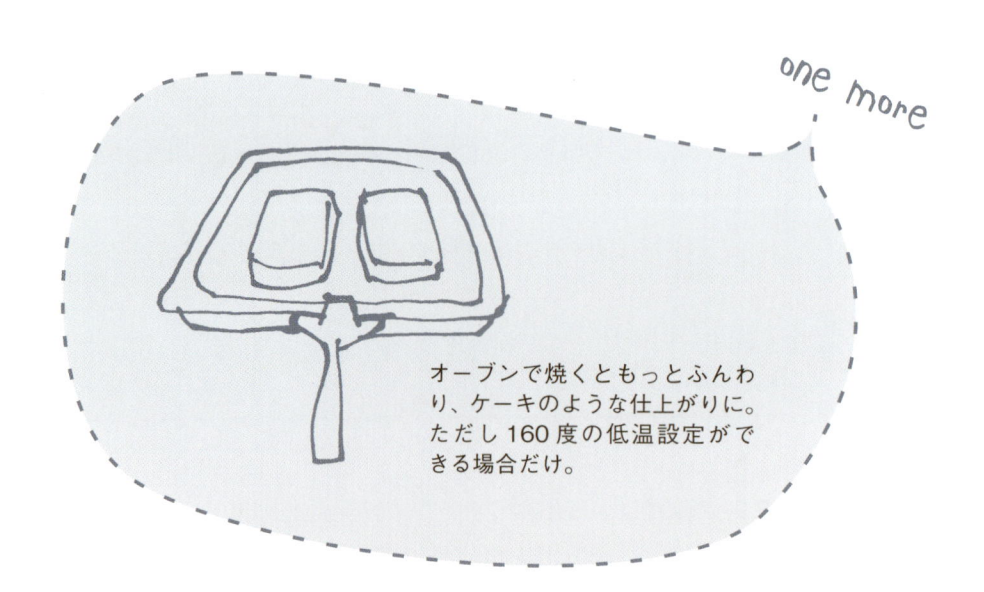

オーブンで焼くともっとふんわり、ケーキのような仕上がりに。ただし160度の低温設定ができる場合だけ。

goal

スパチュラとお箸で
そおっと

❸うすい焼き色がついたら
上下を返す。

❹バター大さじ1を
フライパンに入れ、
バターをなじませながら
ふたをして3分少々焼く。

フライパンを
ゆするとなじむ

ここ、大事！

❺側面も焼いて、
バターを吸わせる。

あせらず、ゆっくり焼く

盛りつける

❻崩れないように皿に盛り、
粉砂糖とメープルシロップなどをかける。

私一押しの組み合わせ！　肉も野菜もとれる完結丼

3色ごはん

そぼろ
ポロポロ

いんげん
シャキ！

いり卵ふわっ

ダンドリ 1 ひき肉のそぼろを作る

道具
フライパン　鍋　菜箸2膳
木べら　ボウル
ペーパータオル

材料（2人分）
牛ひき肉 … 150g
しょうが … 3センチ大
サラダ油 … 大さじ1
A [酒 … 大さじ3
　　砂糖 … 大さじ1]
しょうゆ … 大さじ1と½
さやいんげん … 20本
（長いものなら10本）
塩 … 大さじ½
B [サラダ油 … 大さじ½
　　塩 … ひとつまみ（3本指）]
卵 … 2個
C [塩 … ひとつまみ（2本指）
　　砂糖 … 大さじ1と½]
サラダ油 … 大さじ1
温かいごはん
　… 4膳分（軽め）

① 冷蔵庫から出して5分、室温におく。

② みじん切りにする。
皮をむいて薄切りに → せん切りにする → まな板を90度動かしてみじん切り

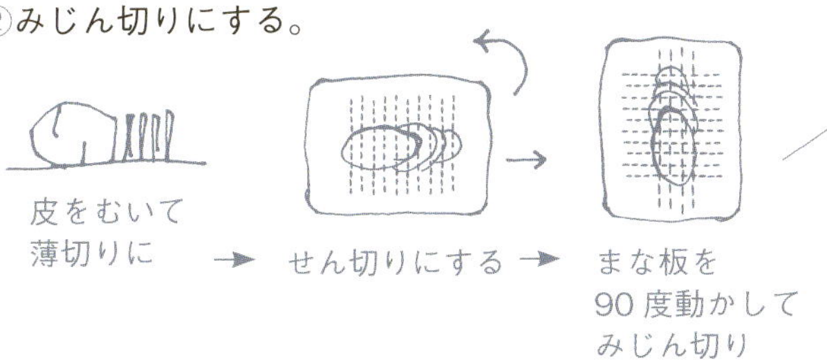

③ フライパンにサラダ油としょうがを合わせ、中火で香りがたつまで炒める。

④ ひき肉を加えて手早く木べらでパラパラに炒める。

⑤ 肉全体の色が変わったらAを加えて炒める。

⑥ 照りが出てきたらしょうゆを加え、汁けが少なくなるまで炒める。

⑦ 器に取り出しておく。

ダンドリ 2 さやいんげんをゆでる

①鍋に湯を沸かし、塩を加える。

②いんげんを入れる。

1〜2分でOK

③ときどき混ぜていんげんの緑色が濃くなるまでゆでる。

ゆですぎ注意

④ざるにあげて水をかける。触って冷たくなったのを確かめ、水をきる。

ジャー

⑤へたを切り落とし、3センチ長さ5ミリ幅で斜めに切る。

斜めにおくと切りやすい

⑥ペーパータオルで水けをおさえ、Bの油を混ぜ高い位置から塩をかけておく。

---

start

盛りつける

❶丼にごはんを3センチぐらい広げ、そぼろをうすく広げる。

❷その上にさらにごはんをのせる。

ダンドリ

炒り卵を作る

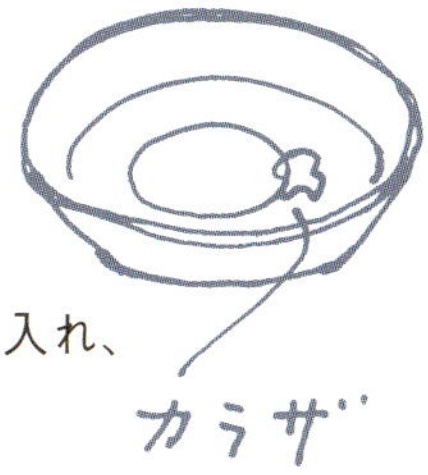

① ボウルに卵を割り入れ、カラザをとる。

カラザ

② 卵にCを合わせ、箸で白身を切りながら溶き混ぜる。

③ フライパンにサラダ油を入れて弱火で熱し、油を鍋底全体にまわす。

④ 卵を流し入れる。

⑤ 箸を2膳持ち、3呼吸ぐらいして卵の底面が軽く固まったら大きく混ぜる。

ここで火を止める！

⑥ 1センチ大の炒り卵にし、器に取り出す。

❸ そぼろ、いんげん、卵をきれいにのせる。

goal

one more

塩昆布と紅しょうがをプラスして5色弁当にアレンジ。

グリルの予熱と余熱さえしっかりすれば、失敗なし！
あじの塩焼き

身はふんわり

皮はパリッ！

ダンドリ

1 あじを買う

家のグリルに合った大きさで、
目が澄んでいて
ぜいごがカリカリしているものを選ぶ。
店でえらと内臓を除いてもらう。

ここ、大事！

ぜいご

2 グリルを予熱する

ダンドリ

ここ、大事！

魚が網にくっつかないように、網に油を塗ってからしっかり予熱。

2〜3分

熱い網に魚をのせると瞬時に皮が固まって旨味も逃げず、皮もはがれない

道具
グリル　菜箸　スパチュラ
おろし金　ペーパータオル

材料（2人分）
あじ … 2尾
塩 … 小さじ1
大根 … 7センチ
しょうが … 2センチ大
レモンまたは酢 … 適量
しょうゆ … 適量

3 あじを準備する

ダンドリ

① 尾から頭に向かってうろこを除く。

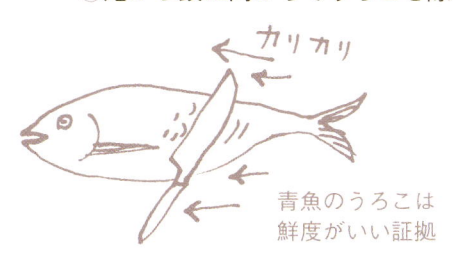

カリカリ

青魚のうろこは鮮度がいい証拠

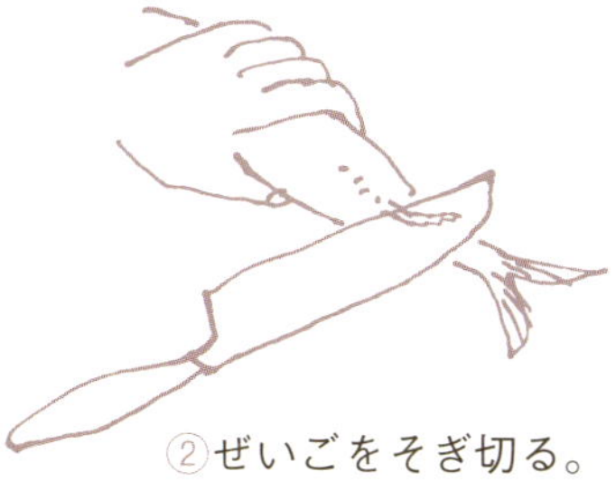

② ぜいごをそぎ切る。（魚屋さんにお願いしてもOK）

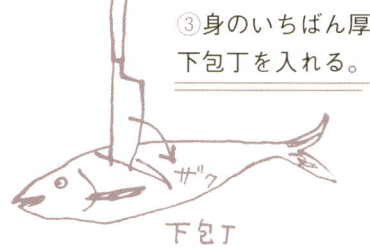

③ 身のいちばん厚いところに下包丁を入れる。

ザク

下包丁

④ 高い位置から全体に塩をふる。

⑤ 尾とひれに化粧塩（分量外）。アルミホイルで包んでもOK。

焦げないように

035

start

焼く

ペーパータオルで
パッティングするように。

❶あじに軽く油を塗り、
下包丁を入れた面を下に、
頭が奥になるようにして
網にのせる。

焼き時間の
目安は
中火で5分

あじをのせるときは
グリルから網を取り出し、
庫内の温度が
下がらないようにする

goal

❻皿の手前に大根おろしとしょうがを盛る。
レモン、酢、しょうゆなどを添えて。

❺大根おろしは
軽く水けを絞る。

❷箸とスパチュラを使って裏返す。

箸だけは
失敗のもと

NG

庫内に戻して
さらに3分
焼く。

ここ、
大事！

焼けたら
**そのまま
庫内に2分**
おき、
余熱を通す。

たんぱく質が固まって
皮もはがれない

puku puku
puku puku

❸大根は厚く皮をむく。
しょうがも皮をむく。
それぞれ円を描くようにおろす。

大根と
しょうがを
おろす

盛りつける

頭は左

❹あじを皿にのせる。

繊維が切れて
ふわふわになる

037

さば嫌いでも食べられるコックリ味のさばみそ！

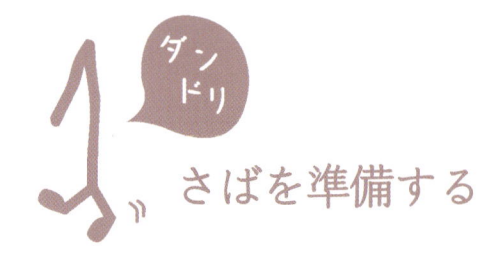

さばのみそ煮

ダンドリ

さばを準備する

①2枚おろしの骨のあるほうを買う。

②身をしっかり持って半分に切る。

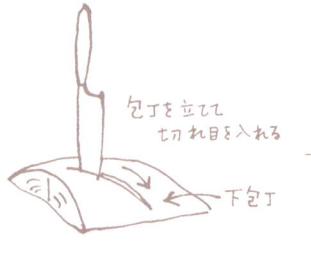

③それぞれの中央に、下包丁を入れる。
　包丁を立てて切れ目を入れる
　下包丁

④両面に塩をふり、茶こしを通して薄力粉をふる。

骨からだしが出るし、煮くずれない

ダンドリ 2

しょうがと長ねぎを切る

皮をむいて薄切りに。

白髪ねぎにする。

縦半分に切る → 芯を除いて4センチ長さに切り、重ねる → 端からせん切り

→ 氷水につける → ペーパータオルに包み手できゅっと水けを絞る → ふんわりほぐしておく

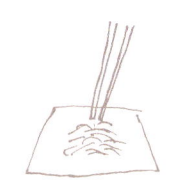

道具
フライパン　菜箸　茶こし
スパチュラ　ペーパータオル

材料（2人分）
さば … 1切れ
塩、薄力粉 … 各少々
ごま油 … 大さじ1
酒 … カップ¼
水 … カップ1
しょうが … 2センチ大
砂糖 … 大さじ2
みそ … 大さじ3
しょうゆ … 大さじ1
長ねぎ … ¼本

あしらいがかんじん

ダンドリ 3

フライパンを熱しておく

フライパンにごま油を熱し、うすく煙が出たら中火にする。

焼く

start

丸みがあるので、転がすように全面をおす

❶皮を下にしてさばを入れる。

ここ、大事!

❷軽くおさえて全面を焼く。フライ返しでおさえてもOK。

皮のくさみがとれるので生臭くなく、さば嫌いの人も食べられる

盛りつける

goal

あしらいで見た目に差がつく!

10カウント
数える。

煮汁の味をここでチェック。よければ火を止める

❿さばを器に移し、煮汁をかけ、白髪ねぎを真ん中にのせる。

❸ ふたをして **5分** くらい、しっかり焼き目がつくまで焼き、裏返す。

ここ、大事！

❹ さばを裏返したら、フライパンの油をペーパータオルでふき、酒をかける。

煮る

❺ 酒が沸騰したら水としょうが、砂糖を入れてふたをし、**3分** 煮る。

フライパンを傾けて浸してもOK

❻ ときどきさばに煮汁をかける。

味見しながら

味つけする

❼ さばに火が通ったらみそを少しずつ加える。

❾ 煮汁が半分になったらしょうゆをかける。

❽ 煮汁をかけながら煮る。

味を行き渡らせる

卵液をよくきると肉と衣がぴったりついて肉の旨味を逃がさない

とんかつ

ヘルシーでかるい！

jyu〜

ダンドリ 1　肉を準備する

① 脂の部分に切り込みを入れる。
　裏にも切れ目が入っているか、チェック。

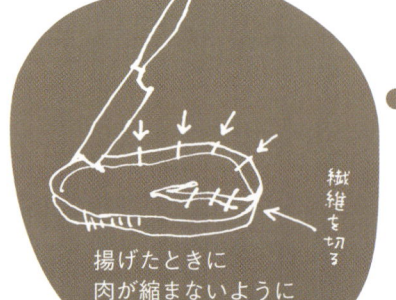

② 1枚につき塩は両面にひとつまみ、
　こしょうは片面に3ふりする。

③ 肉に薄力粉をつけて
　余分をはたく。

揚げたときに肉が縮まないように
繊維を切る

ダンドリ 2 キャベツをせん切りにする

① 芯をV字形に切り、半分に切って重ねる。間にパセリを入れる。

② くるくると巻き、手でつぶしてせん切り。

③ 全体を混ぜる。
空気を入れてふわふわに

④ ペーパータオルに包んで冷蔵庫に入れておく。
余分な水分をとばす

道具
厚手の鍋　菜箸　バット

材料（2人分）
豚ロース肉（1.5センチ厚さ）… 2枚
塩、こしょう … 各少々
薄力粉 … 適量
牛乳 … 大さじ2
卵 … 1個
生パン粉 … カップ1
揚げ油 … 適量
キャベツ … 6枚
パセリの葉 … カップ¼
溶きがらし、ソース、レモンなど … 適量

ダンドリ 3 衣をつける

① バットに卵を割り入れ、箸で白身を切りながら溶き、牛乳を混ぜる。

② 卵液をつける→余分を落とす。
パン粉が薄くつくのでカリッと揚がる

③ パン粉をしっかりつける
生パン粉にすると油を吸いすぎない

start

揚げる

❶揚げ物ができる鍋に油を入れ、160度に熱する。

温度計がないときの温度の目安

生木の菜箸を入れて気泡をチェック！

低温　140℃以下

中温　160℃〜180℃

高温　シュワーッ　180℃以上

盛りつける

とんかつをサクッと1回で切る。

goal

❽キャベツ、レモンやからしとともに皿に盛る。

押して…

一気に引く

衣がはがれないように

❷ そっと肉を油に入れる。

❸ 表面が固まり、きつね色になったら裏返す。

❹ 気泡が細かく少なくなり、箸で持ち上げると軽く感じたら、もうすぐ揚げあがり。

❺ いったん強火にしてカリッとさせて油をきる。

この色が目安

2〜3分おくと肉全体に熱が回る
熱
じんわり

❼ もう1枚、同様に揚げる。

❻ パン粉かすや泡をすくう。

直径20センチぐらいの鍋なら2枚一緒に揚げられる

脂身に切れ目を入れると焼いても丸まらず、熱の通りも均等に

豚肉のしょうが焼き

> ダンドリ

肉に下味をつける

ここ、大事！

① 肉の脂身に切り込みを入れる。

> 肉の脂が縮まず均一に焼ける

繊維を切る

② しょうがは皮をむき、円を描くようにおろす。

> 繊維が切れてふわふわになる

③ Aとしょうがを合わせて肉にかける。

④ 約15分おく。

> ときどき肉の上下を入れ替える

> 塩分は15分で浸透する

キャベツもイケる！

道具

フライパン　鍋　菜箸
バット　ざる　おろし金

材料（2人分）

豚肩ロース肉（5ミリ厚さ）
　…200ｇ
しょうが … 2センチ大
A ┃ しょうゆ … 大さじ3
　 ┃ 酒 … 大さじ2
　 ┃ こしょう … 少々
ごま油 … 大さじ1
（サラダ油でもよい）
キャベツ … 6枚
サラダ油 … 大さじ1
塩 … 小さじ1

ダンドリ 2　キャベツをゆでる

①湯をわかす。

②その間に、キャベツの芯をV字形に切る。

③沸騰したら塩とサラダ油を入れる。

> キャベツに薄い油の膜ができてキャベツの旨味が残る

かたい芯が先

④芯→葉の順に入れ、すぐにざるにあげ、あら熱をとる（水はかけない）。芯と葉を別々にざく切りにする。

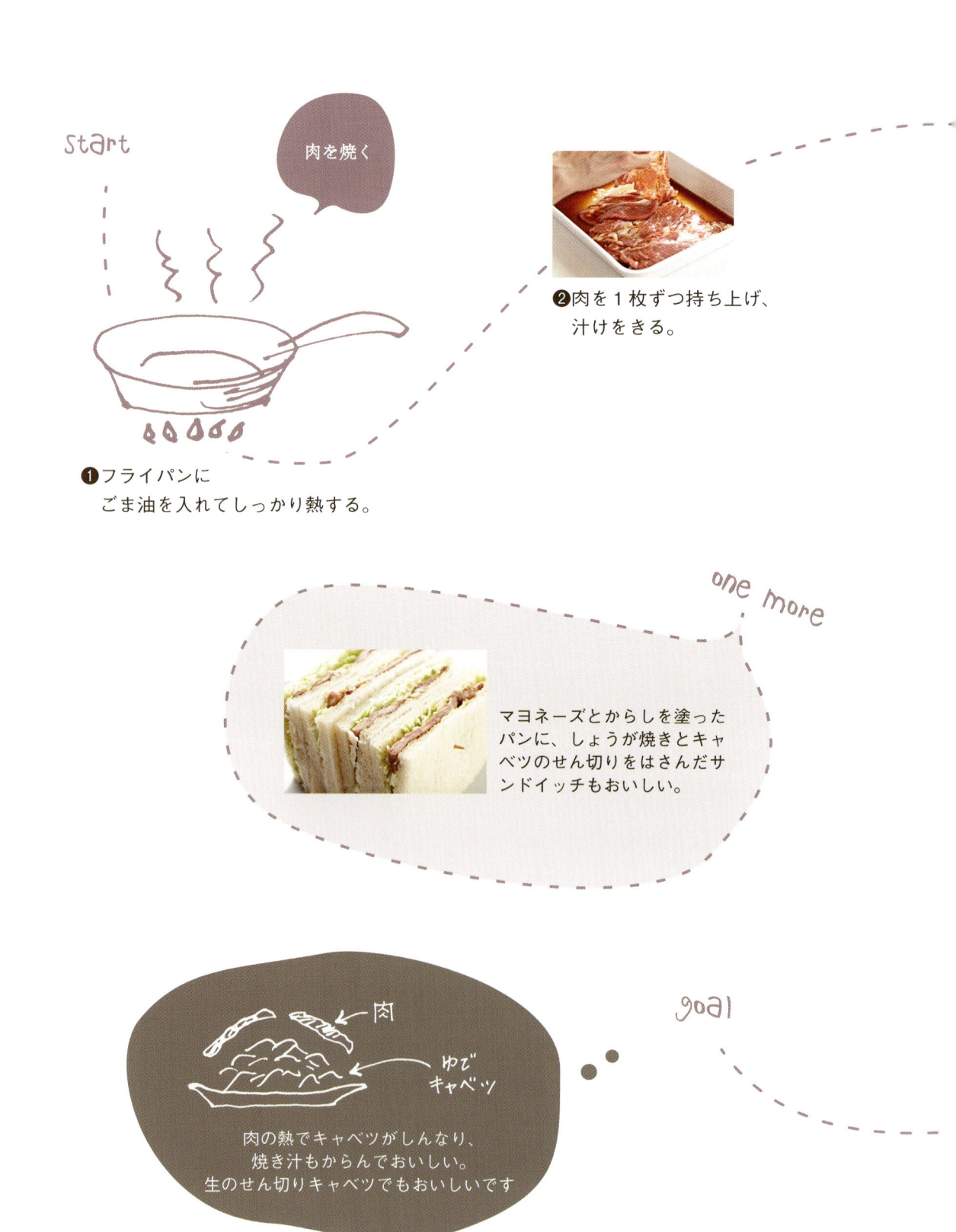

start

肉を焼く

❶フライパンに
ごま油を入れてしっかり熱する。

❷肉を1枚ずつ持ち上げ、
汁けをきる。

one more

マヨネーズとからしを塗ったパンに、しょうが焼きとキャベツのせん切りをはさんだサンドイッチもおいしい。

goal

← 肉
← ゆでキャベツ

肉の熱でキャベツがしんなり、
焼き汁もからんでおいしい。
生のせん切りキャベツでもおいしいです

❸油がはねないように
すきまなく肉を並べる。

ふたをして
中火で**2〜3分**、
蒸し焼きにする。

ふたする

❹肉の色が変わったら
裏返して**1分**焼く。

肉1枚に対し
小さじ1のつけ汁が
適量

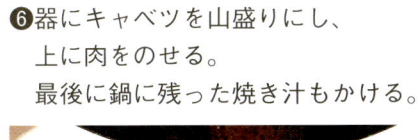

❺つけ汁を回しかける。

❻器にキャベツを山盛りにし、
上に肉をのせる。
最後に鍋に残った焼き汁もかける。

生の玉ねぎを混ぜるからジューシーなしあがり
ハンバーグ

肉汁が ジュワー

ダンドリ 2 肉がピンクになるまで手で混ぜる

肉、玉ねぎ、A、B、全卵を手でかくはんするように混ぜる。

ギュッと握って手の形がつくまで

ダンドリ 1　材料をそろえておく

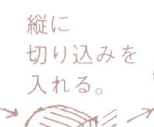

縦に切り込みを入れる。
厚みにも2〜3本切り込みを。
生のまま使います。
みじん切り。

ここ、大事！

合わせておく。
生クリーム
パン粉

よく溶いておく。

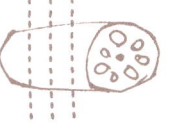

皮をむいて3センチ幅の輪切り。

混ぜてれんこんにすり込んでおく。

道具
フライパン　菜箸　竹串
スパチュラ　ボウル　小鍋

材料（2人分）
合いびき肉 … 200g
玉ねぎ … ¼個

A ┌ パン粉 … カップ¼
　└ 生クリーム（牛乳でも）… 大さじ3

B ┌ ナツメグ … 小さじ¼
　│ 塩 … 小さじ½
　└ こしょう … 少々

全卵 … ½個分
オリーブオイル … 大さじ1
白ワイン（日本酒でも）… 大さじ2
れんこん（細め）… ½節

C ┌ 塩 … 小さじ¼
　│ こしょう … 少々
　└ オリーブオイル … 大さじ1

D ┌ トマトケチャップ … 大さじ3
　│ しょうゆ … 大さじ2
　│ 赤ワイン … 大さじ3
　└ こしょう … 少々

ダンドリ 2　ハンバーグの空気を抜く

焼きくずれないように

キャッチボールするように

肉を2等分してボールに丸める。
2センチ厚さの楕円形にし、中央を指でへこませておく。

start　焼く

❶フライパンに
オリーブオイルを入れ、
うすく煙が出るまで
中火にかける。

入れたらふた

❷ハンバーグを入れ、
ふたをして焼く。

強火で**2分**。
焼き色をつける。

箸と
スパチュラで
ひっくり返す。

one more

残ったハンバーグは崩し
てキャベツといっしょに
炒めてもおいしい。

goal

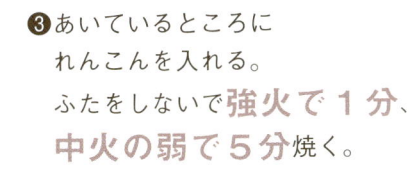

❸ あいているところに
れんこんを入れる。
ふたをしないで**強火で1分、
中火の弱で5分**焼く。

ふたしない

❹ ふっくらしてきたら
ふたでカバーをしながら
ワインを加える。

蒸気で中心にも
熱が入る

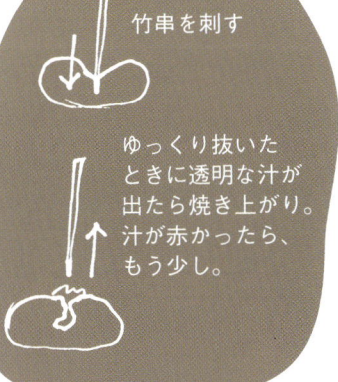

油ハネ防止！

竹串を刺す

ゆっくり抜いた
ときに透明な汁が
出たら焼き上がり。
汁が赤かったら、
もう少し。

❺ 焼き加減をチェック。
れんこんは透き通って
焼き目が両面につくまで
焼く。

❻ 皿に盛ってソースをかける。
あればクレソンを添える。

ソースを
作る

フライパンでも

Dを 小鍋 で
煮たたせる。

盛りつける

トマトケチャップ　大さじ3
しょうゆ　大さじ2
赤ワイン　大さじ3
こしょう　少々

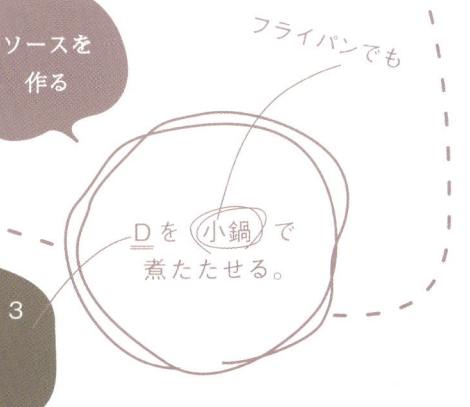

小麦粉をうすーくつけると軽い味になる

鶏のからあげ

> ヘルシーな
> からあげに
> したい人はぜひ！

ダンドリ 1 鶏肉の皮と脂を除く

黄色っぽいのが脂
白いのは筋

① 鶏肉は皮をはずす。

② 皮がしっかりついているところは、皮と脂をいっしょに包丁ではずす。

③ 裏返して脂の筋に包丁を当ててそぐ。

④ 肉こぶに切れ目を入れ、内部の脂もそぎ取る。

肉に下味をつける　**ダンドリ 2**

ヘルシー
おいしい〜♪

① 鶏肉は上半分は4つに、下半分は6つに切る。同じくらいの大きさになるとよい。

> 火の通り具合を
> 均一にする

肉こぶ
ここ脂
筋

ここ、大事！

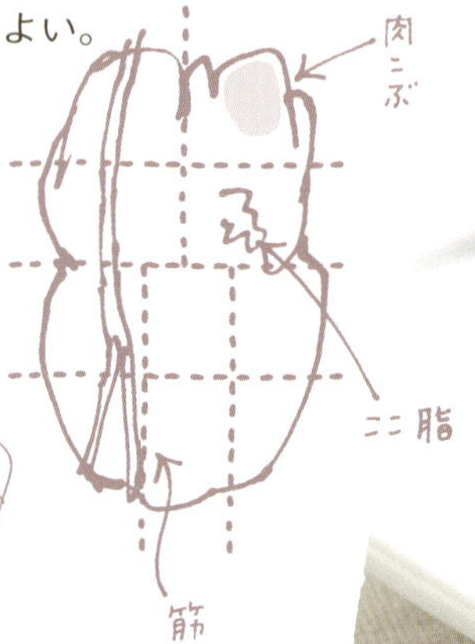

② にんにくをすりおろしてAと混ぜ、鶏肉にかける。ときどき肉を返して15分おく。

> 塩分は
> 15分で浸透する

ダンドリ 3 パセリを準備し、揚げ油を火にかける

①パセリは茎を切り落とし、小房に分けておく。

②温度が上がるまで時間がかかるので、油はここで on。

道具

厚手の鍋　バット　菜箸　おろし金

材料（2人分）

鶏もも肉 … 1枚
にんにく … 半かけ
A ┬ 酒 … 大さじ3
　├ しょうゆ … 大さじ3
　└ こしょう … 少々
パセリ … 1束
薄力粉 … 適量
揚げ油 … 適量
レモン … ¼個

ダンドリ 4 鶏肉に粉をつける

①ペーパータオルで漬けておいた鶏肉の汁けをおさえる。

②薄力粉をまぶし、余分をはたく。

start

パセリを揚げる

❶揚げ油が低温（**100度**）になったらパセリの半量を入れる。

火を弱め、残りも揚げる。

❷箸で混ぜ、少し濃い緑になったらすくい網で取り出し、油をきる。

あら熱がとれるとカリカリになる

goal

❸カリカリになったパセリ、からあげ、レモンを皿に盛る。

気泡が細かくなって浮かんできたら、取り出すタイミング

鶏肉を揚げる

❸火を強めて油を**140度**にし、鶏肉を5切れ入れる。

❹パチンと油がはねたら肉を油の中に押さえ込むといい。

油がはねるのは、水分が空気に触れるときなので…

ここ、大事！

❺鶏の周囲が固まったら取り出す。残りも同様に揚げ、取り出す。

たんぱく質を固めて肉の旨味を閉じ込める。取り出してからもじわっと内部に熱が入る。

ここ、大事！

二度揚げする

❻**160度**に温度を上げ、揚げた肉を5切れずつもう一度加える。

❼濃いめのきつね色になったら、取り出し、油をきる。

皮はカリッと、肉の旨味はしっかり！
鶏もも肉のソテー

> ダンドリ
> 1

鶏肉を準備する

ここ、大事！

① 肉の厚い部分に縦に（繊維にそって）切り込みを入れて開き、肉の厚みを均等にする。

火が均一に通るように

黄色く透けて見えるところに脂がある。

皮の余分な脂を出す

② 皮全体に金串で穴をあける。

プスプス

塩分は15分で浸透する

③ 肉にAをよくすり込み、そのまま15分おく。

イタリアのマンマ直伝！

道具
フライパン　菜箸　バット
小鍋かボウル　金串
ペーパータオル　おろし金

材料（2人分）
鶏もも肉 … 1枚
A ┌ 塩 … 小さじ1
　├ こしょう … 少々
　├ にんにく（おろす）
　│　　… 小さじ½
　├ レモン汁 … 大さじ2
　└ オリーブオイル
　　　… 大さじ2
トマト（小）… 2個
オリーブオイル … 大さじ1

ダンドリ 2　トマトを準備する

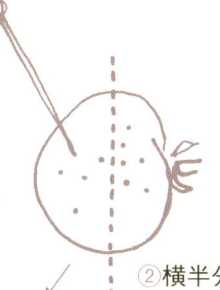

①皮に金串で穴をあける。

②横半分に切る。

③果汁が出ないように切り口を上にして肉と一緒にAに漬けておく。

切り口は上

059

start

鶏肉を
ソテーする

❶ フライパンにオリーブオイルを
中火で熱し、皮のついていない面から焼く。

❷ しっかりと焼き色が
ついたら裏返す。

水分がはねるので、ふたをする

goal

❽ トマトを添える。

トマトを崩して
ソースがわりに

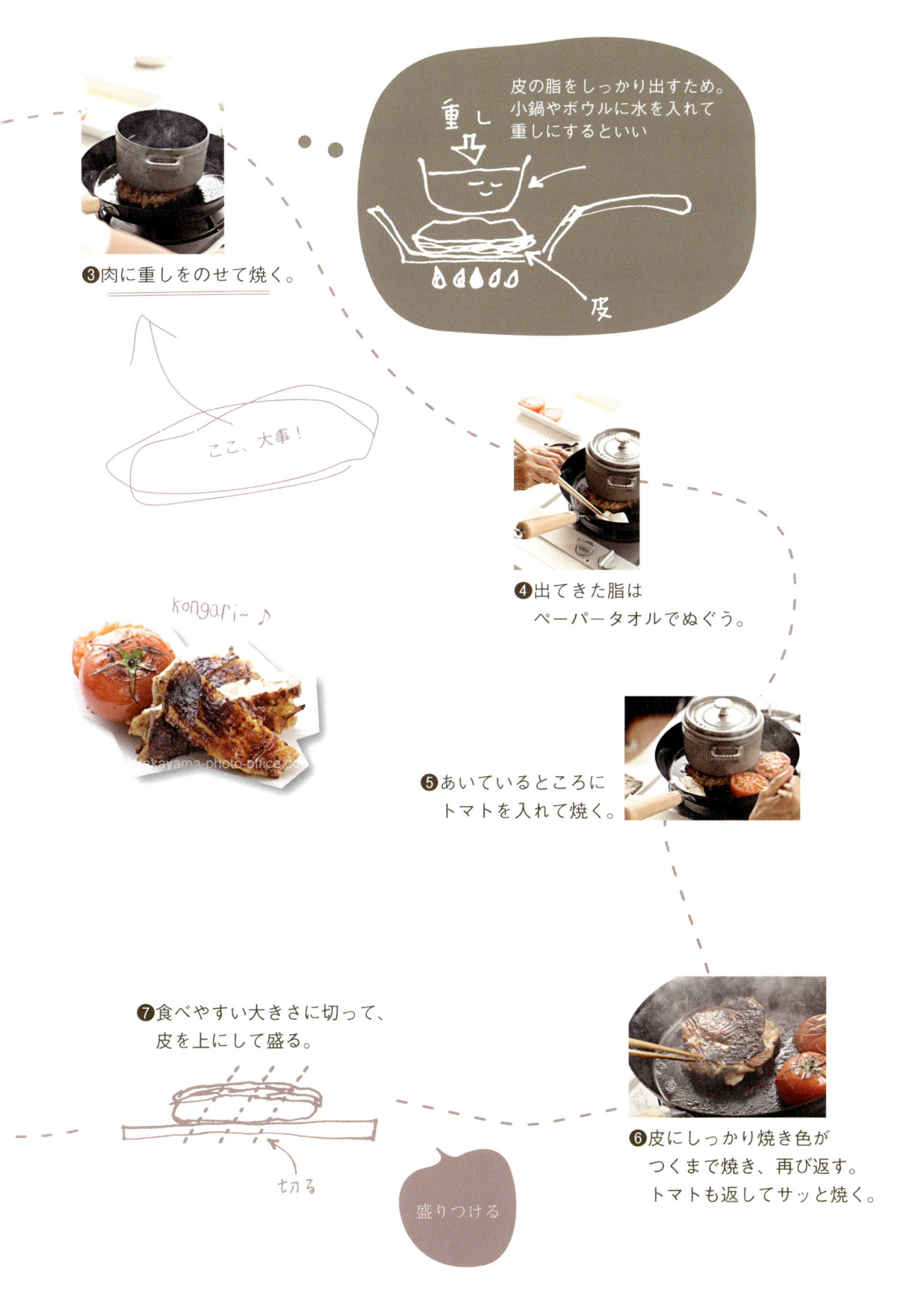

皮の脂をしっかり出すため。小鍋やボウルに水を入れて重しにするといい

重し

皮

❸肉に重しをのせて焼く。

ここ、大事！

kongari~♪

❹出てきた脂はペーパータオルでぬぐう。

❺あいているところにトマトを入れて焼く。

❼食べやすい大きさに切って、皮を上にして盛る。

切る

盛りつける

❻皮にしっかり焼き色がつくまで焼き、再び返す。トマトも返してサッと焼く。

卵は「火」で焼きません。「余熱」で熱を入れるんです

オムレツ

誰でもキレイな形にできるんです

toro-toro

ダンドリ

卵を溶いておく

空気を入れてふんわりと

カラザ

カラザをとり、牛乳を混ぜて溶きほぐす。

ダンドリ 2 玉ねぎをみじん切りにする

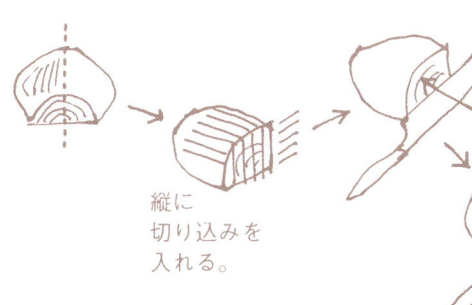

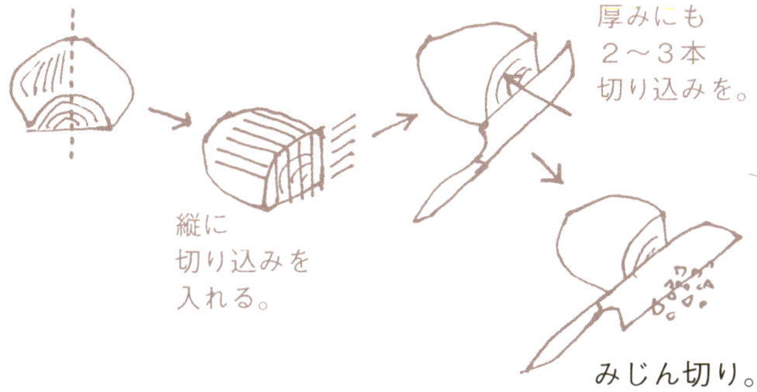

縦に切り込みを入れる。

厚みにも2〜3本切り込みを。

みじん切り。

道具
フライパン　菜箸
スパチュラ　ボウル　バット
ペーパータオル　木べら

材料（2人分）
卵 … 2個
牛乳 … 大さじ3
牛ひき肉 … 50g
玉ねぎ … ¼個
サラダ油　大さじ1
塩 … 小さじ¼
こしょう … 少々
しょうゆ … 大さじ½
バター … 大さじ1

ダンドリ 3 ひき肉を炒めてあら熱をとる

①サラダ油半量を中火で熱し、牛ひき肉を加え、パラパラになるまで炒める。

木べらをたてて

②玉ねぎを加えてサッと炒め、塩、こしょう、しょうゆで味をつける。（水けを出さないようにサッと炒める）

③バットに広げ、あら熱をとっておく。

ダンドリ 4 皿とペーパータオルをフライパンの近くに置いておく

熱いうちに仕上げるために必要。

start

卵を焼く

❶ フライパンを中火で熱し、少し火を弱めてから残りのサラダ油とバターを加える。

バターが焦げないように

❷ バターが半分溶けたあたりで、卵液を一気に流す。**弱火**にする。

ここ、大事！

❸ ペーパータオルをかぶせて木の葉形に形を整える。

熱いうちなら失敗してもカバーできる！皿の汚れもふく

goal

❸軽く固まったら大きく混ぜ、**火を止める**。

肉を包む

6センチ幅ぐらい

固まりすぎないように

❹卵の真ん中に肉を横に広げる。

❺スパチュラと箸を使って、肉に卵をかぶせる。

奥から手前に。　全体を奥に移動。　手前からかぶせる。

余熱で卵に熱を回すと焼きすぎずにふわっとできる

キレイに仕上げるコツ

❼スパチュラを使ってフライパンからそっと皿に返す。

❻皿に移しやすい位置にオムレツをずらす。

形を整える

065

肉にしっかり下味をつけ、玉ねぎは腕が疲れるまで炒めること！

ビーフシチュー

ダンドリ 1　肉に下味をつける

肉は5センチ角に切って
ファスナーつきの袋に入れ、
Aをもみ込み、最低15分おく。

ここ、大事！

酢で肉がやわらかくなる

もみもみ

ダンドリ 2　肉に粉をつける

大きめ野菜で豪華に

肉を袋から出してペーパータオルで
水けをとり、薄力粉をまぶす。

ダンドリ 2 野菜を切る

縦半分に切って薄切り。

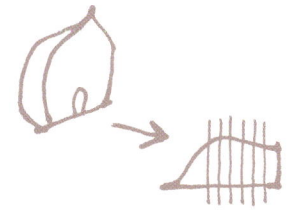

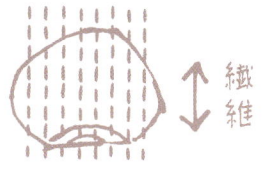

繊維にそって薄切り。

繊維

道具
土鍋（厚手の鍋）　木べら
ファスナーつきの袋　バット
ペーパータオル　竹串

材料（2人分）
牛肉シチュー用かたまり肉
… 300g
A ┌ 塩 … 小さじ ½
　├ こしょう … 少々
　├ 赤ワイン … カップ ¼
　└ 酢 … 大さじ 1
薄力粉 … 適量
オリーブオイル
… 大さじ 1 と ½
にんにく … 1 かけ
玉ねぎ … ½ 個
赤ワイン … カップ 1
トマトの水煮缶 … 1 缶
砂糖 … 小さじ 1
じゃが芋（メークイーン）
… 大 1 個
セロリ … ½ 本
にんじん … ½ 本
しょうゆ … 大さじ 2
塩、こしょう … 各少々
パセリ … 適量
サワークリーム　適宜

start

❶鍋にオリーブオイルを入れて火にかける。

肉を焼く

❷うっすら煙が出たら肉を並べて表面を焼く。

ここ、大事！

❸全面をムラなく焼く。少し焦げるくらいでOK。

❽沸騰したらトマトを手でつぶしながら缶汁ごとプラス。

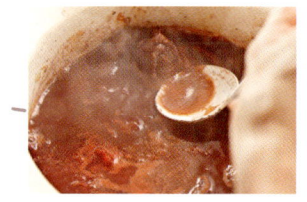

まろやかさの秘訣は砂糖

❿砂糖を入れてさらに煮込む。

❾煮立ててアクと脂をすくう。

野菜の面取りした部分を入れ、弱火にし、ふたをして20〜30分、煮込む。

煮込んでいる間に野菜を切る

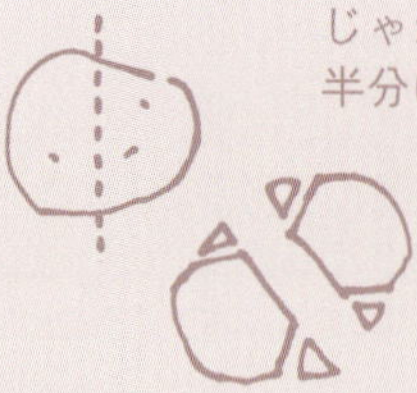

じゃが芋は皮をむき、半分に切って面取りする。

面取り（＝角を取る）で煮崩れを防ぐ

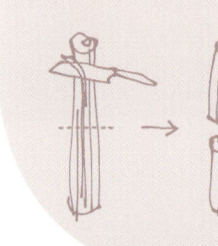

セロリは筋を取り、10センチ長さに切る。

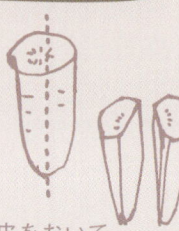

にんじんは皮をむいて縦半分に切り、面取りする。

❹いったん取り出す。

❺火を止めてから
にんにくを入れ、炒める。

炒める

煮込む

鍋に焼き付いた部分は
肉の旨味。
放置すると焦げになる

❼❹の肉を戻してサッと炒め、
赤ワインと肉のつけ汁を入れる。

①〜⑥までをフライパンで
調理し、土鍋で煮込んでも
いいです。

❻香りがたったら中火にして
玉ねぎを炒める。玉ねぎの水分で、
鍋に焼き付いた肉をこそげながら、
いっしょうけんめい
しっかり炒める。

ここ、大事！

❶肉がやわらかくなって
きたら、じゃが芋と
セロリを入れる。

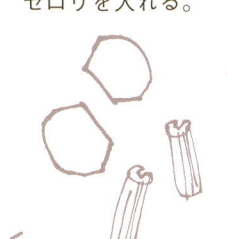

⓬じゃが芋にスッと竹串が
通るようになったら……。

⓭にんじんを入れる。

味をみて
しょうゆを
プラス。

盛りつける

goal

⓯皿に盛り、パセリを散らす。
好みでサワークリームをかける。

⓮にんじんが好みの
やわらかさになったら
塩、こしょうで
味をととのえる。

野菜のおいしさ生かすため、炒める順番を守って手早く

野菜炒め

ダンドリ 1 豚肉を出しておく

3センチ幅に切り、塩をもみ込む。室温で15分おく。

野菜が
ごちそうに
なる！

ダンドリ 2 材料と調味料をフライパンの近くに置く

手早さがおいしさの秘訣なので、一気に作れるようにしておくこと。

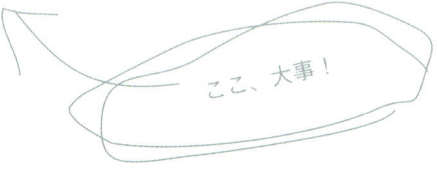

ここ、大事！

ダンドリ 2

切り方が大事。それぞれの食感をいかす

野菜を切っておく

皮ごと洗って縦半分に切り、斜め3ミリ幅、4センチ長さに切る。

芯を切り、葉は5〜6センチ大にちぎり、芯は5ミリ幅に切る。

縦1センチ幅に切り、ほぐしておく。

皮をむき、5ミリ厚さに切り、5ミリ幅の棒状に切る。

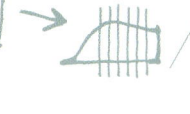

薄切り。

せん切り。

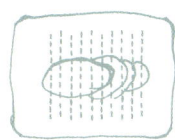

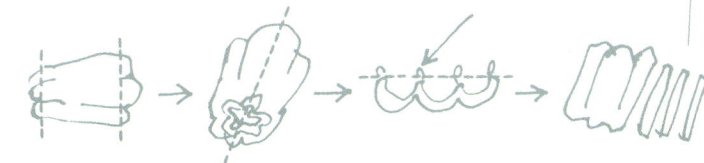

上下を切って縦半分に切り、種ワタをきれいに取り、縦5ミリ幅に切る。

材料は大きさを揃えると見た目も味もいい。

道具

フライパン　木べら2本
ボウル

材料（2人分）

豚三枚肉（薄切り）… 100g
塩 … 小さじ½
ごぼう … ½本
キャベツ … 4枚
玉ねぎ … ½個
にんじん … 4センチ
ピーマン … 1個
サラダ油 … 大さじ2
にんにく … 半かけ
しょうが … 1センチ大
塩 … 小さじ½
こしょう … たっぷり
しょうゆ … 大さじ1
ウスターソース … 大さじ1

start

❶ フライパンにサラダ油、にんにく、
しょうがを入れて**中火**で炒める。

❷ フライパンを傾けて、
油にしっかり香りを移す。

炒める

香ばしさを出すため

❽ 火に戻して真ん中に寄せ、
鍋肌にしょうゆとソースを
まわしかけ2回混ぜる。

❾ ピーマンを加えたら
すぐに火を止め、混ぜ合わせる。

goal

❸豚肉をほぐし入れ、木べらで脂を出すようによく炒める。

木べらをたてるとほぐしやすい

❹ごぼうを加え炒める。

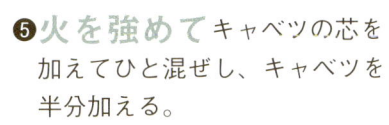

❺**火を強めて**キャベツの芯を加えてひと混ぜし、キャベツを半分加える。
木べら2本で具材の上下を返しながら 2〜3回炒める。
残りのキャベツも加えて炒める。

熱が回りやすいように木べら2本で空気を入れる

手早く火を通すため

❻真ん中をあけて
玉ねぎを加え、
玉ねぎが半生ぐらいで、
にんじんを加え混ぜる。

味つけする

❼焦げやすいので、いったん火から下ろして塩、こしょうをする。

073

煮物はいったん冷ましてから温めるとおいしくなる

肉じゃが

> ダンドリ 1

じゃが芋を面取りして水につける。

煮崩れを防いで味をしみやすくする

① 皮をむき、4センチ大に切って面取り（＝角を取る）する。

捨てないで

② 面取りした部分もいっしょに水につける。

ダンドリ 02 材料を切る

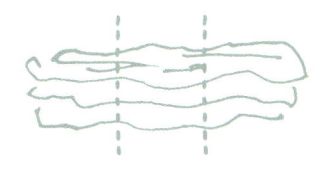

4センチ大。

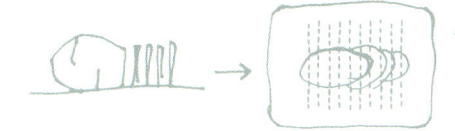

皮をむいてせん切り。

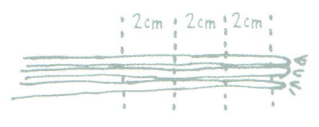

2センチ長さに切り揃える。

道具

厚手の鍋　木べら　菜箸

材料（2人分）

牛切り落とし肉 … 200g

ごま油 … 大さじ2

しょうが … 2センチ大

じゃが芋（男爵）
　　… 250〜300g

砂糖 … 大さじ1と½

酒 … 大さじ3

水 … カップ2

しょうゆ … 大さじ1と½

あさつき … ½束

自慢できる一品！！

start

炒める

❶ごま油としょうがを入れて火にかける。

❷香りがたったら牛肉を広げながら炒める。

ここ、大事！

冷めるときに素材に味が入るのでコクが出ておいしくなる

火を消して、冷めるまで**放置**

❽煮汁が少なくなるまで煮て、味をチェック。

❾食べるときに再び温めてから器に盛る。あさつきをあしらう。

❼ふたをとってしょうゆを加え、中火で煮る。

goal

❸肉の色が8割方変わったら
じゃが芋を加えて炒める。

面取りした部分が
ちょうどいい
とろみになる

ここ、大事！

砂糖を入れる。

調味料は、粒子の大きいものから入れる。

粒子の大きい砂糖で素材の細胞をふさぎ、粒子の小さな塩ですきまを埋める。少しの調味料でも味が決まる！

最初に塩を入れると、粒子の大きい砂糖が入る余地がなくなり、上乗せすることに…。味が決まらない。

味つけの順番は粒子が大きい順で、
「さしすせそ」

さ …砂糖
し …塩
す …酢
せ …しょうゆ*
そ …みそ

❹照りが出るまで炒める。

煮る

❺酒→水の順に、材料がヒタヒタに浸るまで水分をプラス。

❻強火で煮立てて
アクと脂を取る。

ふたをして
15分、
弱火で煮る。

途中、やさしく混ぜながら

＊昔は「せうゆ」と書いて「しょうゆ」と読みました

077

すべての旨味を吸ったこんにゃくは絶品！

筑前煮

> ダンドリ

こんにゃくを下ゆでする

① こんにゃくに塩をすり込む。

すりすり

② 鍋に入れ、水（分量外）をこんにゃくの3センチ上まで注ぎ、中火で10分ゆでる。

ぽこぽこ

沸騰させながら

こんにゃくにも味がしみておいしくなる

③ 水にとり、スプーンで小さめの一口大にちぎる。

ダンドリ 2

材料を3センチ角程度に切り揃える

皮を除いて3センチ大のそぎ切り。

皮ごと洗って乱切り。

皮をむいて縦4等分にして乱切り。

面が多いと火の通りが早く味がしみやすい

筋をとり、斜めに3等分。

スーっとスジをとる

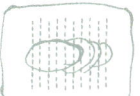

せん切り。

火の通りが均一になるし、見た目もきれい。にんじんはひと回り小さくするとバランスがいい

道具

土鍋（厚手の鍋）　小鍋
木べら　スプーン

材料（2人分）

鶏もも肉 … ½ 枚
黒こんにゃく … ½ 枚
　塩 … 小さじ1
ごぼう … ½ 本
にんじん … 3センチ
れんこん（細め）… ½ 節
絹さや … 6枚
A［ごま油 … 大さじ1
　しょうが … 2センチ大］
砂糖 … 大さじ2
酒 … 大さじ4
水 … カップ1と½
しょうゆ … 大さじ1と½

start

炒める

❶鍋を中火で温め、こんにゃくを中火でから煎りする。キュンキュンと音がするまで火を通す。

ごま油　大さじ1
しょうが　せん切り

❷Aを加えてこんにゃくをさらに炒める。

水分が抜けるほど味が入るからおいしくなる。

味もいいし、色もきれい

❽しょうゆ大さじ1を加えて火を強め、大きく混ぜながら、汁けが少なくなるまで煮る。

❾絹さやを加え、すぐに火を止めて混ぜる。

仕上げる

❿いったん冷まして味を落ち着かせ、もう一度火を入れてしょうゆ大さじ½で味をととのえる。

決めじょうゆ

goal

❸鶏肉も炒める。

❹肉の色が変わったら、
ごぼう、れんこんを加え、
油がからまったら
砂糖を加えて炒める。

「さ・し・す・せ・そ」です

❺照りが出たら
酒を加える。

❻水を加え、中火で煮立てて
中央に集まったアクと
脂をすくう。

煮る

にんじんは
かためがおいしい

やさしく
混ぜながら

❼煮汁が半分以下になったら
にんじんを加え、混ぜる。

弱火で
7〜8分煮る。
ふ・た・し・な・い

ごぼうとれんこんの
食感が残って
おいしい

男子が大好きなポテトサラダの決定版！

ポテトサラダ

じゃが芋は
皮ごとゆでる

goro goro goro goro

ダンドリ 1

じゃが芋をゆでる

皮ごと洗う。
鍋にじゃが芋より少し多めに水を入れ、
塩を加えて皮ごと水からゆでる

うまみを逃がさない

ここ、大事！

塩

箸をはさんでふたをすると
ふきこぼれず、早くゆだる。

ダンドリ 2 その間に材料を切る

水けを抜くため

できるだけ薄い輪切りにする。

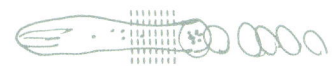

ボウルに入れて塩を加え、下からすくうようにして混ぜる。10分おいて、ギュッと絞る。

皮をむいて繊維にそって薄切りにし、細いせん切り。

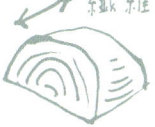

繊維

横半分に切る。繊維を裁ち切って薄切り。水にはさらさない。

味をいかすため

合わせておく。

半分に切って5ミリ幅に。

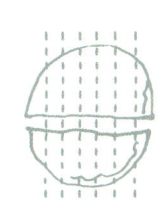

玉ねぎに長さを揃えるときれい

道具
土鍋（厚手の鍋）　木べら
ボウル　竹串
ペーパータオル

材料（2人分）
じゃが芋（メークイーン）… 2個
　塩 … 大さじ1
きゅうり … 1本
　塩 … 小さじ¼
にんじん … 3センチ
玉ねぎ … ½個
ロースハム … 2枚
酢 … 大さじ1と½
砂糖 … 小さじ1
A ┌ マヨネーズ … 大さじ4
　└ 練りからし … 小さじ½
白こしょう … 少々

start

❶ゆでたじゃが芋に
すっと竹串が通ったら
取り出す。

❷ペーパータオルで持ち、
包丁の刃元で皮をひっかけ、
スッと皮をむく。

じゃが芋を
つぶす

goal

❽きゅうりを加えて
混ぜる。

味が落ち着く

❾白こしょうで味をととのえ、
1時間休ませる。

きゅうりは混ぜる前に
もうひと絞り。

one more

ポテトサラダが残ったらコロッケに。俵形にまとめ、薄力粉→卵→パン粉の順に衣をつけ、中温の油で揚げる。油の中では何度も返さず、パン粉が固まるまでいじらないこと。

❸ボウルに入れ、木べらで粗くつぶす。

酢の強い酸味をとばすため

❹熱いうちに酢を混ぜる。

玉ねぎを混ぜる

❺じゃが芋が熱いうちに玉ねぎと砂糖を加える。

ここ、大事！

❻軽く混ぜてラップをし、蒸らしながらあら熱をとる。

熱で玉ねぎの甘みを引き出し、しんなりさせる

残りの材料と調味料を混ぜる

Aを少しずつ加えて、味をみながら混ぜる。

マヨネーズ　大さじ4
練りからし　小さじ½

❼ハム、にんじんを混ぜる。

定番だけじゃもの足りない！
というアナタ。

これで ＋60品！ (プラス)

残ったごはんやおかずは、味を変えて新たな一品に！
同じ作り方でも、材料を代えるだけで、またまたおいしい一品に！

1 おにぎり
スプレーオイルまたは、ペーパータオルに油を含ませ、おむすびに塗ってオーブントースターで焼き、しょうゆを塗って**焼きおにぎり**／ラップにおさしみを広げ、すし飯をのせてギュッ！で、**手まりずし**

2 チャーハン
チキンスープをかけて**中華風スープごはん**／レタスに包んで**サラダごはん**／ハムの代わりに塩昆布、高菜漬け、塩鮭を使って**和風チャーハン**

3 ソース焼きそば
薄焼き卵をのせて**オムレツ焼きそば**／ウスターソースをオイスターソースに代えて**中華焼きそば**／中華そばをゆでうどんに代えて**焼きうどん**

4 豚肉とごぼうのカレー
残ったらだし汁とめんつゆでのばして**カレーうどん**／パスタといっしょに炒めてチーズをのせ、オーブンで焼いて**カレーグラタン**／木綿豆腐を加えて**煮込み変わり肉豆腐**／豚とごぼうをカレー粉で炒めて**炒め物**

5 カルボナーラ
パスタをマカロニにし、生クリーム・卵黄・チーズをそれぞれ倍にしてオーブンで焼いて**クリームグラタン**／ベーコンをツナ缶に代えて**ツナクリームパスタ**／ソースを作る時にあさりのむき身を加えて**ボンゴレカルボナーラ**

6 フレンチトースト
牛乳にパルメザンチーズを加えて**チーズフレンチトースト**／パンに切り込みを入れて溶けるチーズやハムをはさんで**クロックムッシュ風**

7 3色ごはん
牛ひき肉と一口大に乱切りした大根で**かんたん煮物**／3色それぞれを芯にして**3色巻きずし**／押し型を使って**押しずし**／熱々のごはんに肉そぼろを混ぜて**肉おむすび**

8 あじの塩焼き
あじを、鯛やいさき、小鯛に代えたり、さばやぶりの切り身を使って**塩焼きオールスターズ！**／あじの塩焼きに野菜の甘酢あんをかけて**あじのあんかけ**

9 さばのみそ煮
さばのみそ煮の煮汁でごぼうやなす、れんこんを煮て**野菜の煮物**／しょうがをたっぷり加えてごはんによく合う**さばのしょうがみそ煮**／「あしらい」を代えて**季節のみそ煮**。針ゆず（ゆず皮をほそーく切ったもの）、青ねぎ、木の芽、大葉のせん切り、みょうがのせん切りなどがおすすめです。

10 とんかつ
とんかつをめんつゆ＋玉ねぎとサッと煮てほかほかごはんにのせ、**卵とじかつ丼**／下処理した豚ロース肉を「鶏もも肉のソテー」のマリネ液に漬けてオリーブオイルとバターで焼いて**豚ソテー**／とんかつを大根おろしとしょうゆで食べる**和風とんかつ**

11 豚のしょうが焼き
ほかほかごはんにせん切りキャベツ、しょう

が焼き、焼き汁をかけて**しょうが焼き丼**／細切りにしてせん切りピーマンと炒めて**チンジャオロースーもどき**／汁けをおさえてうす切りきゅうりとフランスパンにはさんで**豚肉のサンドイッチ**

12 ハンバーグ
薄力粉＋溶き卵＋パン粉をつけて油で揚げて（「とんかつ」参照）**メンチかつ**／真ん中にゆで卵を入れてボール状にし、薄力粉＋溶き卵＋パン粉をつけて油で揚げて（「とんかつ」参照）**スコッチエッグ**／型にベーコンをしいて肉種を詰め、オーブンで焼くと**ミートローフ**／小さいボール状にして焼き、トマトと煮込んで**ミートボール**

13 鶏のからあげ
下味におろししょうがを加えて**しょうが味からあげ**／下味を酒＋塩こしょう、衣を砕いた柿の種にして**しょうゆ味からあげ**／残ったからあげに甘酢をからませ、**あんかけからあげ**／次の日はチーズをのせてオーブンで焼いて**からあげグラタン**／ほかほかごはんにせん切りキャベツ、揚げたてからあげをのせ、酢じょうゆをかけてふたをする。3分蒸らして**からあげ丼**

14 鶏もも肉のソテー
ソテーする代わりに、薄力粉＋溶き卵＋パン粉をつけて油で揚げて（「とんかつ」参照）**チキンかつ**／フライパンを使わず、魚やきグリルで**グリルドチキン**（高温のオーブンで焼いても）／次の日には薄切りにして葉物野菜をあえて**チキンサラダ**／細かく切ってキャベツと炒めて**鶏キャベツ炒め**

15 オムレツ
中身をチーズに代えて**チーズオムレツ**／中身をチキンライスにすると**オムライス**／卵をまあるく焼いてパンにはさんで**オムレツサンド**

16 ビーフシチュー
トマトの水煮缶をデミグラスソース缶に代えて**ブラウンシチュー**／残った具を砕いてまとめ、薄力粉＋溶き卵＋パン粉をつけて油で揚げて（「とんかつ」参照）**コロッケ**／残りを固いフランスパンをしいたグラタン皿に広げ、チーズをのせてオーブンで焼いて**ビーフパングラタン**

17 野菜炒め
汁けが出たら、水かチキンスープを加えて、水溶きの片栗粉を溶き入れて**八宝菜風**／八宝菜風をほかほかごはんにのせて**野菜のあんかけ丼**／野菜は冷蔵庫にあるものを、色と食感のバランスで組み合わせて**無限大のバリエーションに！**

18 肉じゃが
じゃが芋を里芋に代えて**里芋の煮物**／牛肉を豚の三枚肉に代えて**豚じゃが**／じゃが芋を大根に代えて**肉大根**

19 筑前煮
材料の数を減らして**野菜の煮物**／梅干しを1個加えて煮ると、肉もやわらか、味もすっきり**さっぱり煮**／下ゆでしたこんにゃくに切れ目を入れてソテーして**こんにゃくステーキ**

20 ポテトサラダ
和がらしとバターをぬったパンにはさんで**絶品ポテトサラダサンド**

料理アシスタント／田巻美也子、佐藤朋子、岡本香乃、柳澤由梨、藤岡亜紗子

松田美智子（まつだ・みちこ）

1955年、東京都に生まれる。家庭料理研究家。女子美術大学講師。ホルトハウス房子氏に師事し、各国の家庭料理を学ぶ一方、会席料理、中国料理を学ぶ。1993年より「松田美智子料理教室」を主宰。素材を活かした理にかなった調理法を追求し、おしゃれでつくりやすい料理に定評がある。自らプロデュースしたキッチン道具や調味料も人気。
著書には『「ただいま」から20分のひとりぶんごはん。』（河出書房新社）、『いまどきのなべ』『いつでも土なべ　煮る、蒸す、焼く、炊く。』（以上、文化出版局）、『松田美智子のお取り寄せ食堂』（文藝春秋）、『ぜんぶ、おいしい！うちのごはんシンプルレシピ501』（静山社）などがある。

定番ごはん20セレクション
すごいダンドリ！　1、2、3！

発行日	2012年5月11日　初版第1刷発行
著者	松田美智子（まつだみちこ）
発行者	古屋信吾
発行所	株式会社　さくら舎　http://www.sakurasha.com 〒102-0071　東京都千代田区富士見1-2-11 電話（営業）03-5211-6533 電話（編集）03-5211-6480 FAX　03-5211-6481　振替　00190-8-402060
ブックデザイン	柳本あかね
写真	高山浩数
本文イラスト	香川麻由美＋金子薫美＋柳本あかね
編集協力	篠原由紀子
撮影協力	株式会社ワイ・ヨット
印刷	慶昌堂印刷株式会社
製本	大口製本印刷株式会社

ISBN978-4-906732-10-4
©2012 Michiko Matsuda Printed in Japan

本書の全部または一部の複写・複製・転訳載および磁気または光記録媒体への入力等を禁じます。これらの許諾については小社までご照会ください。
送料は小社負担にてお取り替えお取り替えいたします。
定価はカバーに表示してあります。